काव्य सारिका

सारिका तिवारी

ट्रू साइन

प्रकाशक : टू साइन पब्लिशिंग हाउस

पता : SY.N0.21/2 & 21/3, सोननहल्ली,

कृष्णराजपुरा, बेंगलुरु, कर्नाटक – 560049, भारत

ईमेल : books@truesign.in

वेबसाइट : www.truesign.in

© लेखकाधीन

काव्य सारिका

सारिका तिवारी

ISBN: 978-93-5584-412-5

संस्करण : 2022

अनुक्रमणिका

आत्मबोध 13

1. वन्दना माँ वागेश्वरी की 16

2. कलयुग में सीता का अस्तित्व 17

3. जागो ब्राह्मण जागो 19

4. गीत 22

5. शब्द गान 24

6. गाथा है उन्नाव की 25

7. जग मा नाम करिबे 26

8. बाल हठ 27

9. बिटिया 28

10. पिता 29

11. सच सपने का 30

12. मेरे सपने 31

13. होली गीत 32

14. सावन गीत 33

15. सोन चिरइया 34

16. प्यार होली में 35

17. भारत के वीर सपूत 36

18. दुश्मन को अब पार करो 37

19. वीर बाला 38

20. माँ भारती का गौरव 40

21. मुक्तक श्रृंगार के 41

22. मुक्तक अंगार के 42

23. संस्मरण - मृत्यु से साक्षात्कार 44

24. चाचा की डोली 46

25. दुई दांत की बछिया 47

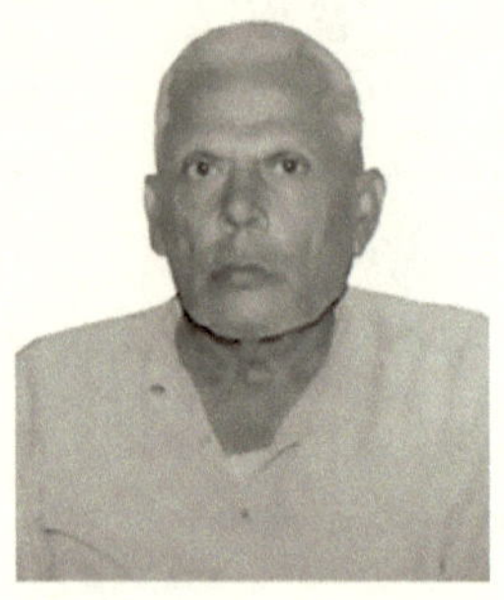

काव्य सारिका समर्पित

परम आदरणीय श्री जगदीश नारायण शुक्ल जी के श्री चरणों में।

ढाई आखर

एक साहित्यकार की कलम सामाजिक सरोकार को दर्शाती है उसके मन के भाव को उकेर कर रख देती है । मेरा हृदय 'काव्य सारिका ' के प्रति अपने सहज प्रेम को प्रदर्शित करता है जो अपने आप में पूर्ण है ।

मै इनके यशस्वी कलम की शुभ कामना करता हूं।

मंगलकामनाओ के साथ।

रामेन्द्र कुमार तिवारी

मंगलाशा

मुझे सारिका तिवारी द्वारा रचित काव्य सारिका की पाण्डुलिपि के अवलोकन का सुअवसर प्राप्त हुआ। अवलोकनोपरान्त मै इस निष्कर्ष पर पहुंचा हूं कि कवयित्री ने अपनी भावप्रवणता ,संवेदनशीलता एवम व्यवहारिकता के सुदृढ़ आधारो पर जिस काव्यात्मक भावाभिव्यक्ति को हम सभी के समक्ष प्रस्तुत करने का मन बनाया, वह निश्चित रूप से प्रशन्सनीय, श्लाघनीय एवम सर्वथा सराहनीय है ।

मेरा अपना मानना है कि काव्य गत प्रतिमानो, शिल्प एवम सौन्दर्य के सापेक्ष स्वयं को सर्वथा अकिंचन मानते हुए कवि का स्वाभाविक संकोच या विनयभाव उसे एक सीमा में कही कही आबद्ध सा करता प्रतीत होता है, परन्तु वही कवि की निश्छलता, स्वाभाविकता एवम भावात्मकता उसे कवि धर्म की ओर प्रेरित ही नही करती, अपितु उसकी सार्थकता एवम प्रभावोत्पादकता को भी उसके पक्ष में ला देती है।

मेरा अपना दृढ़ विश्वास एवम सुविचारित मत है कि कवयित्री ने अपने इस सृजन में बहुत कुछ लिख दिया है, वह भी ऐसा जिसके कारण उसके काव्य समुदाय मे तो गम्भीरता से लिया ही जायेगा ,सामान्य एवम सुधी पाठक भी उनकी कविताओ को पढने के बाद कही न कही स्वयं को उसकी विषय वस्तु भावात्मक रूप से संबद्ध ही नही पाएंगे अपितु पर्याप्त रसास्वादन भी करेंगे।

मैं कवयित्री को उनकी इस काव्यात्मक निष्पत्ति के लिए हृदय से बधाई देता हूं। मेरी मंगलाशा है कि परमपिता परमात्मा उनका सृजन पथ अपनी कृपा प्रभा से सर्वथा आलोकित, भासित एवम प्रवाहमान बनाए रखे ।

शुभकामना सहित।

भवदीय
ओ पी तिवारी
एडवोकेट
संयुक्त सचिव अवध बार
हाईकोर्ट लखनऊ
मो. नं. 9454377082

शुभकामना

मुझे यह जानकर अत्यंत सुखद अनुभूति हो रही है कि सृजन-शब्दगंगा संस्थान से उदभूत कवयित्री श्रीमती सारिका तिवारी की प्रथम काव्य-कृति 'काव्य-सारिका' का प्रकाशन हो रहा है और इस पुनीत श्लाघनीय कार्य में विशेष सहयोग-सम्बल प्राप्त हो रहा है मुझसे विशेष आत्मिक स्नेह रखने वाले अधिवक्तागौरव साहित्यरत्न श्री मोहन लाल मिश्र 'धीरज' जी से।धीरज जी को नवोदित प्रतिभाओं को प्रोत्साहित करने में नव आनन्द की अनुभूति होती है और इस सार्थक कार्य के लिए धीरज जी अपने अर्थ-व्यय से भी नहीं हिचकते हैं।

सारिका जी ने अपने आसन्न परिवेश से जो अनुभव किया, उसे अत्यंत सहजता के साथ पद्यात्मक रूप में शब्दायित कर दिया। अतएव, प्रस्तुत कृति में विविध विषयक रचनाएँ हैं, जिन्हें जब सारिका जी अपनी ओजस्वी वाणी में मुखरित करती हैं, तो श्रोता आकृष्ट हुए बिना नहीं रहते।

चूँकि कवयित्री की यह प्रथम काव्य-कृति है, अस्तु साहित्य मनीषियों व सुधी पाठकों का प्रोत्साहन विनयपूर्वक अपेक्षित है।

माँ शारदे से प्रार्थना है कि सृजन-शब्दगंगा संस्थान से उदभूत इस कवयित्री का मार्ग प्रशस्त करें और वह उन्नाव की गौरवशाली साहित्यिक विरासत की संवाहिका बने।

इन्हीं शुभकामनाओं के साथ...

जय भारत! जय भारती!! जय शब्दगंगा!!!

दिनांक: 29-06-22

भवदीय,
डॉ0 विनय शंकर दीक्षित 'आशु'
राष्ट्रीय अध्यक्ष-शब्दगंगा
महामंत्री-सृजन
चलभाष: 9450056934

शुभाशीष

मर्यादा पुरुषोत्तम श्रीराम की प्रथम जीवनी कथा रामायण के रचयिता महर्षि वाल्मीकि की धरती, शूरवीरो तथा साहित्य की धरती उन्नाव मे साहित्य बोध लिए जन्मी बहुमुखी प्रतिभा की धनी विख्यात कवयित्री सारिका तिवारी जो किसी परिचय की मोहताज नहीं, वरन वाणी वन्दना तथा कविता के क्षेत्र मे वह दिन के सूर्य के प्रकाश तथा रात्रि के चन्द्रमा के प्रकाश की भांति विख्यात है। काव्य मंचो, गोष्ठियो, सामाजिक, धार्मिक तथा साहित्यिक कार्यक्रमो में अपने सुरीले स्वर में वाणी वन्दना तथा काव्य पाठ की ख्याति से श्रोताओ की तालियाँ बटोरने में प्रथम स्थान प्राप्त है।

सारिका तिवारी का काव्य संग्रह "काव्य सारिका" राष्ट्र वादी, समाज वादी, श्रृंगार तथा विभिन्न विषयों को लेकर लोगो को जाग्रत करने वाला है। मैनें इस काव्य संग्रह की पाण्डु लिपि देखी तो महसूस हुआ कि कविताओं में एक सिलसिला, लय, भाव सभी कुछ समाहित है। जहां किसी बात को व्यक्त करने हेतु गद्य लेखक कई प्रष्ट भर देता है, किन्तु एक कवि एक पंक्ति मे उस बात को प्रभावशाली ढंग से व्यक्त कर देता है।

काव्य संग्रह की पाण्डुलिपि को पढकर हार्दिक सुख का अनुभव हुआ। विभिन्न विषयों पर लिखी सभी कविताए सहज, स्वाभाविक, मनमोहक, लयबद्ध तथा हृदय में जल तरंग की लहरे उत्पन्न करनें वाली हैं। कवयित्री द्वारा अपनी कविताओं में समाज के दर्शन की अभिव्यक्ति का भरपूर सफल प्रयास है। कविताए इस प्रकार लयबद्ध हैं, ऐसा शब्दों का चयन है जैसे किसी धागे को कुरेशिया से बुनकर सुन्दर वस्त्र बन जाते है, उसी प्रकार कवयित्री द्वारा समाज में बिखरी समस्याओं को तथा मन के भावों को अपनी लेखनी द्वारा समेट कर पिरोया गया, यह का काव्य संग्रह "काव्य सारिका" एक गुलदस्ता है। जो सराहनीय तथा सफल प्रयास है। कविताओं की शीर्षक हैं वन्दना मां भारती की, कलयुग में सीता का अस्तित्व, जागो ब्राह्मण, सच सपने का, सोन चिरइया, प्यार होली में, वीरबाला, आदि सभी कविताए भावपूर्ण है। तथा सामाजिक विसंगतियों को अभिव्यक्त कर सरलतापूर्वक उजागर करती हैं। जो कवयित्री के साहित्य धर्मी होने का स्पष्ट परिचय है।

"काव्य सारिका" कविता संग्रह सर्वत्र स्वागतेय है ईश्वर से प्रर्थना है कि कवयित्री स्वस्थ, सानन्द, तथा दीर्घायु हों तथा अपनी लेखनी से निरन्तर प्रसाद हम सभी को प्रदान करती रहें। शुभ आशीर्वाद के साथ काव्य संग्रह की कामना करता हूं।

डॉक्टर एम ए बेग राही

उत्तर प्रदेश सरकार द्वारा प्रशस्तिपत्र

प्रधान सम्पादक हिन्दी साप्ताहिक राही एक्सप्रेस,

भूरीदेवी चौधराना उन्नाव।

आशा की ज्योति

अच्छी और सुन्दर रचना कर्णप्रिय होती है। अनायास सुखानुभूति होती है, तब प्रस्फुटित होते है आशीर्वाद वचन।

कवयित्री सारिका तिवारी का काव्य संग्रह 'काव्य सारिका' पढने का अवसर मिला, अच्छा लगा।

भारतीय प्राचीन परम्परा का निर्वाह करते हुए मंगलाचरण के रूप में मां भारती का स्तवन किया है, जो अपने आप मे अद्वितीय है। वन्दना मां वागेश्वरी की शीर्षक गीत काव्य संकलन का प्रथम सोपान है। जिसमें काव्य सृजन आपसी प्रेम, सौंदर्य, मानव कल्याण तथा आसुरी शक्ति के विनाश की कामना की है जो सर्वथा प्रशंसनीय है।

इस काव्य संग्रह में 24 शीर्षको की कविताए तथा कहानी है जो अलग अलग विषय का बोध कराती है। 1. वन्दना मां वागेश्वरी की 2. कलयुग में सीता का अस्तित्व 3. जागो ब्राह्मण जागो परशुराम चालीसा 4. शब्दगान 5. गाथा है उन्नाव की 6. जग मा नाम करिबे 7. बाल हठ 8. बिटिया 9. पिता 10. सच सपने का 11. मेरे सपनें 12. गीत सावन 13. होली गीत 14. सोन चिरइया 15. प्यार होली में 16. भारत के वीर सपूत 17. दुश्मन को अब पार करो 18. वीर बाला 19. मां भारती का गौरव 20. मुक्तक श्रृंगार के 21. मुक्तक अंगार के 22. संस्मरण मृत्यु से साक्षात्कार 23.चाचा की डोली 24. दुइ दांत की बछिया।

सारिका जी ने अखिल भारतीय मंचो पर काव्य पाठ किया, जिसका मै साक्षी रहा हूं। श्रोताओ नें मुक्त कण्ठ से प्रशन्सा की है और करतल धवनि से स्वागत किया है। आपकी हर रचना मे मूलतत्व कल्याण की भावना अन्तर निहित रहती है। आपका आत्म ध्येय कविताओं मे झलकता है। सभी रचनाओ मे कल्याण तथा संघर्ष करने की क्षमता भी दृष्टिगोचर होती है।

विष्णु के अवतार भगवान परशुराम की प्रार्थना करते हुए ब्राह्मणों को जगाने का संदेश दिया है।

भारत के वीर सपूत कविता राष्ट्र प्रेम से ओत प्रोत है तथा इतिहास की चट्टानों को बताती है। देश के लिए सर्वस्व न्योछावर कर दिया ।

कभी अंगार लिखती हूं,

    कभी श्रंगार लिखती हूं,

मैं भारत मां की बेटी हूं,

    महज इतिहास लिखती हूं ।

सती सावित्री बनकरके,

    लड़ू यमराज से डटकर,

मै अपनें प्यारे प्रियतम का,

    सदा सौभाग्य लिखती हूं।।

सभी रचनाए उत्कृष्ट है और में चिडियों की चहचहाहट, सन्ध्या बेला के गीत, श्रंगार रस के साथ वीर रस संयोजन, अलंकारों एवं रसों का समिश्रण, काव्य संग्रह का अनोखापन है।

मैं इनके यशस्वी कलम की कामना करता हूं।

बहुत बहुत बधाई।

मेरा विश्वास है यह काव्य संग्रह मील का पत्थर सिद्ध होगा । पाठक मुक्त कंठ से सराहना करेगें।

आशीर्वाद

अग्रिम कृति की प्रतीक्षा में

मोहन लाल मिश्र 'धीरज'

लेखक, एडवोकेट

अध्यक्ष - संस्कार भारती उन्नाव,

डी पी सेवा संस्थान उत्तर प्रदेश उन्नाव,

उन्नाव चेयरमैन एअंटीग्रेट सोसायटी ऑफ प्रोफेसनल मीडिया ।

गुरू कृपा

तन मन मेरा है ऋणी, गुरू बैकुण्ठ समान ।
गुरू न होइ है राज मद, गुरू को तरूवर जान ।।

गुरू साचा दरबार है, गुरू ब्रम्ह मे लीन ।
गुरू कृपा जो मिल गई, सकल विश्व है दीन ।।

मैं सारिका तिवारी उन्नाव से गुरू पूर्णिमा की हार्दिक बधाई देती हूं। हम सब पर गुरू की कृपा सदैव बरसती रहे।

आत्मबोध

मैं क्या लिखूं यह मेरे लिए तो एक निरन्तर चुनौतीपूर्ण कार्य है, न तो मैं मर्मज्ञ हूं न ही कोई विदुषी, न महादेवी वर्मा की छायावादी प्रवृत्ति न सुभद्रा कुमारी चौहान सी राष्ट्रभक्ति न माँ सीता का तपोबल न राधा सा पावन प्रेम न शबरी की शक्ति, न मीरा की भक्ति। मैं तो बस माँ निर्मला की पावन वन्दना की सारिका हूं, जो जगदीश नारायण की परम अनुकम्पा से सिक्त एक आशा की किरण है।

शूल भरी राहों में भी आसान सफर होता है।
आज मुझपर माँ की दुआओं का असर होता है।।

माँ दुनिया की सर्वश्रेष्ठ विभूति है वो चाहे जन्मदात्री हो या पतित पावनी माँ गंगा की निर्मल धारा हो या गौ माता या भारत माता हो हम सब इनके ऋणी हैं। माँ के बिना किसी का कोई अस्तित्व ही नहीं, मेरी रचनाएं माँ की दिव्यता को समर्पित। ईश्वर की महती अनुकम्पा के फलस्वरूप मेरा जन्म महाप्राण निराला की पावन धरती जनपद उन्नाव में हुआ।

साहित्यिक मनीषियों की संगति के फलस्वरूप ही शायद कुछ कविताएं मेरे हृदय स्थल से भी प्रस्फुटित हो चलीं। ये काव्य रचनाएं मानक काव्य की कसौटी पर कहां तक खरी उतरती हैं, इसके आंकलन की सामर्थ्य या तो साहित्यिक मनीषियों में है अथवा विद्वान समालोचकों में। कबीरदास जी सत्संगति को रेखांकित करते हैं -

कबिरा संगति साधु की, ज्यों गन्धी का वास।
जो कुछ गन्धी दे नहीं, तो भी वास-सुवास।।
संगति ने ही मुझे साहित्यिक प्रेमी बना दिया।

उन्नाव के जिन साहित्यकारों एवं साहित्य प्रेमियों के मार्गदर्शन, सहयोग व सानिध्य से मैं लाभान्वित हुई हूं, उनमें प्रथम नाम परम आदरणीय श्री ओ.पी. तिवारी जी जिन्हें मैं अपना बड़ा भाई मानती हूं। मुझे साहित्यिक ज्ञान प्रदान करने वाले आदरणीय भाई विनय शंकर दीक्षित जी तथा परम विद्वान साहित्य जगत के चन्द्र डॉ. महेश चन्द्र मिश्र विधु जी जिन्हें मैं अपना साहित्यिक पिता मानती हूं। उनका निरन्तर आशीर्वाद मुझे प्राप्त होता है। मेरी पुस्तक को छपवाने का निरन्तर प्रयास करने वाले सर्वश्री परम श्रद्धेय मोहनलाल मिश्र (धीरज) जी जिन्हें मैं कोटि-कोटि धन्यवाद देती हूं और जब तक मेरा जीवन है तब तक मैं उनकी ऋणी रहूंगी। जिस प्रकार से शिशु को उंगली पकड़कर चलना सिखाया जाता है उसी प्रकार इन चारों विद्वानों ने मुझे साहित्यिक ज्ञान देकर साहित्यिक क्षेत्र में प्रवेश कराया। ये मेरे साहित्यिक गौरव के चार स्तम्भ हैं।

गूंज अनुगूंज साहित्यिक संस्था के विद्वान अमूल्य शुक्ल जी, आदरणीय दिनेश उन्नावी जी जो वरवै छन्द के सिद्धहस्त हैं। श्री उमाशंकर यादव जी, आर.पी. वर्मा सरस जी, मेरी बचपन की सखी रिचा सिंह का मुझे निरन्तर सहयोग प्राप्त होता रहता है। उन्नाव का गौरव श्री उमा निवास बाजपेई जी, राकेश तिवारी राही जो जो मुझे निरन्तर नई राह दिखाने का कार्य करते हैं। प्रेम सिंह सेंगर जी, आदरणीय प्रमोद मिश्र जी, डॉ. प्रभात सिन्हा जी जो मुझे निरन्तर साहित्यिक मंच दिलाने के साथ- साथ साहित्यिक गौरव बढ़ाने का प्रयास करते हैं। विद्वान शिरोमणि अनुरुद्ध सौरभ जी, उन्नाव जनपद को नई राह दिखाने वाले श्री स्वयं श्रीवास्तव जी, मेरी बुआ आशा तिवारी जी जो मुझे उच्चतम शिखर पर देखना चाहती हैं जिन्हें मैं सामाजिक मसीहा कह सकती हूं। मैं उनकी आजीवन ऋणी रहूंगी।

मैं तो उन्नाव जनपद की एक छोटी सी कलम हूं, जो निरन्तर प्रयासरत है। अगर आप जैसे विद्वानों का सानिध्य मिलता रहे तो मैं भी साहित्यिक ऊंचाइयों को छूने का प्रयास करती रहूंगी। अभी कुछ दिन पूर्व ही मेरी मुलाकात श्रीमती आभा माथुर जी से हुई, जो डायट प्राचार्या रहीं है। उनका सादगीपूर्ण व्यक्तित्व सहज ही अपनी ओर आकृष्ट करने वाला है। मैं उनसे आशीर्वाद स्वरूप कुछ सीखने का प्रयास करूंगी।

मेरा परिचय तो कुछ है ही नहीं बस आप सभी विद्वानों का आशीर्वाद चाहती हूं।

मेरा परिचय

"भाव देश प्रेम का जगाती अभिलाषिका,

दृष्टि दुर्भाव को मिटाती संहारिका।

आलोक से व्योम को सजाती एक तारिका,

काव्य वाटिका की मैं हूं एक सारिका।"

"कभी अंगार लिखती हूं,
    कभी श्रृंगार लिखती हूं।
मैं भारत माँ की बेटी हूं,
    महज इतिहास लिखती हूं।।
सती, सावित्री बन करके,
    लड़ूं यमराज से डटकर।
मैं अपने प्यारे प्रियतम का,
    सदा सौभाग्य लिखती हूं।।"

मेरी आत्मशक्ति, मेरा आत्मबोध, मेरे पति परमेश्वर हैं। वो मेरा आत्म सम्बल हैं। जो मुझे निरन्तर आगे बढ़ने की प्रेरणा प्रदान करते हैं। श्री रामेन्द्र कुमार तिवारी। कृतज्ञता ज्ञापित करने के लिए सभी शब्द बौने होंगे। मेरे हृदय की भावनाएं इन काव्य रचनाओं के माध्यम से आप सुधी पाठकों तक पहुंच रही हैं। आप मेरी रचनाओं का शब्दश: मनन करेंगे और त्रुटियों को अपने कृपा पात्रों के माध्यम से मुझे निरन्तर अवगत कराने का भी कष्ट करेंगे।

जय हिन्द
जय माँ भारती।

नाम - सारिका तिवारी (M.A., B.Ed Tet)

बाबा - स्मृति शेष, श्री जगदीश नारायण शुक्ल

पिता - श्री कल्याण शंकर शुक्ल

माता - श्रीमती निर्मला देवी (चुन्नी)

लेखन विधा - कविताएं, गीत, संस्मरण, लघु कथाएं

सम्पर्क सूत्र - 9956687700

पता - आवास विकास कॉलोनी, उन्नाव।

अखिल भारतीय काव्य मंचों से काव्य पाठ - संस्कार भारती उन्नाव, शब्द गंगा शुद्धि अभियान संस्थान तथा डी.पी. सेवा संस्थान द्वारा सम्मानित।

वन्दना माँ वागेश्वरी की

"करूं माँ याचना तुझसे, कलम की धार तीखी हो।
परस्पर प्रेम की माला, मनुज मानव पिरोते हों।।
बढ़े जब जब दुराचारी, कलम आलोक बन उतरे।
करूं माँ वन्दना तेरी, कलम में शक्ति इतनी हो।।"

जय जय जय त्रिभुवन वन्दन, हे जगत प्रकाशिन जग माता।
भारत जन के विपुल भुवन में, शुभ सौभाग्य भरो माता।।
पद्मासना, पद्मजा, पद्मा, हम सब तुम्हें मनाते हैं।
तेरी अनुपम अनुकम्पा को, भारतवासी गाते हैं।।
हम सबके माँ पाप मिटाओ, देश समृद्ध करो माता।
सत्कर्मों का फल प्रदान कर, दुराचार का अन्त करो।।
आतंकी और देशद्रोह का, पल में माँ मर्दन कर दो।
भारत की गौरव गाथा, जन जन के तन मन में भर दो।।
शक्तिदायिनी, ब्रह्मचारिणी, कमल निवासिनी जग माता।
मेरी रक्षा करो शारदे, जगदम्बे जग की माता।।
सारा देश जल रहा माता, नारी का सम्मान कहां।
गौ, गंगा और गौरी का नित, होता है अपमान यहां।।
विपुल वैभव सन्तति की जननी, मेरे सब सन्ताप हरो।
त्रिभुवन को सुख देने वाली, भारत माँ के दुख हरो।।
चरण वन्दना करते हैं माँ, भारत माँ के लाल सदा।
भारत जन के विपुल भुवन में, शुभ सौभाग्य करो माता।।

कलयुग में सीता का अस्तित्व

हे दशरथ नन्दन रघुवंशी,
दशकन्धर का वध करते हो।
सीता का हरण किया जिसने,
उसका सब वैभव हरते हो।।
सोने की लंका पिघलाकर,
हनुमान वीर बजरंग बने।
हे पवनपुत्र केसरी नंदन,
रामा के अतिशय प्राण बने।।
हे विघ्न हरण मंगलकर्ता,
फिर भारत वर्ष बुलाता है।
दुष्टों का दमन करो आकर,
अब भारत वर्ष बुलाता है।।
घर-घर में रावण अहिरावण,
अब अत्याचारी पलते हैं।
हे राम तुम्हारी नगर में,
अब भ्रष्टाचारी रहते हैं।।
वैदेही का आंचल हे प्रभु,
अब नहीं सुरक्षित रहता है।
नवजात मातु की बेटी का,
पालन में हरण हुआ करता है।।
हे राम तुम्हारे वंशज तो,
रावण का रूप धरा करते।

हे राम तुम्हारे घर वाले,
मदिरा विषपान किया करते।।
अब तो रघुनंदन आकर के,
सीता की लाज बचा जाओ।
शबरी और अहिल्या का,
दु:ख दर्द मिटाने आ जाओ।।
अब अत्याचारी रावण का,
अस्तित्व मिटाने आ जाओ।
मेरे राम आज गंगा तट पर,
तुम चरण कमल फिर धो जाओ।।
सीता को सीता करके,
अस्तित्व उजागर कर जाओ।
मेरे राम आज भारत में फिर,
गंगा को गंगा कर जाओ।।

जागो ब्राह्मण जागो

बार-बार वन्दहु द्विज चरना, ब्रह्म भेष संशय सब हरना।

उठो महीसुर जगत जगाया, चरण कमल निज शीश झुकाया।

परशुराम के वंशज तुम ही, फरसा, तिलक सराशन धर ही।

मस्तक तिलक शिखा है साजै, कांधे परा जनेऊ राजै।

विप्र रूप धर धरा सुशोभित, वेद ऋचाओं में भी पूजित।

जब जब बाम्हन रूप देखावा, दैहिक, दैविक ताप मिटावा।

कश्यप, अत्रि, दधीचि बखाना, भरद्वाज मुनि सब सुख पाना।

अब जागो विप्रों तुम भाई, तिलक जनेऊ पर बन आई।

जो न जागिहौ विप्र तुम, सब संकट घिर जाए।

भारत भुवन बचाय लो, कहै सारिका गाए।।

राम राज्य अइहै तब भाई, गुरु वशिष्ठ के शरणहि जाई।

संदीपनि ते शिक्षा पाई, तब ही कान्हा गीता गाई।

चन्द्रगुप्त सम्राटहि बनही, विष्णु गुप्त सा गुरु जब कहही।

धरा धाम व्याकुल सब कीन्हा, दान दधीचि हाड़ तब दीन्हा।

तुलसी बाबा चरित रचावा, राम काज महिमा यह गावा।

सोई संस्कृति अब लेउ बचाई, नीति धर्म की राह चलाई।

मर्यादा का दीप जलाओ, पुनः मान सम्मान बचाओ।

मनुस्मृति को पुनः पढ़ाओ, अपना तुम वर्चस्व बढ़ाओ।

जो वैदिक सिद्धान्त है, शिखा तिलक के पुंज।

मर्यादा अपनी गढ़ो, करो भुवन को कुंज।।

परशुराम चालीसा

जय जय जय जमदग्नि लला की ,रेणुका मां भृगुनन्द सुता की ।

तुम्हरा नाम सदा नित ध्यावै ,वही सदा ब्राह्मण कहलावै ।

अतुलित बल के तुम्ही विधाता ,रहत सदा भक्तन पर आशा ।

कुल के ब्राह्मण गुण के क्षत्रिय, पांच भाई भोले की भक्ति।

लिया विष्णु षोडष अवतार ,किया सहस्त्रार्जुन संहार।

किया सनातन वैभव काज ,शिव भक्ति का मिला है ताज ।

शिव शम्भू है गुरू तुम्हारे ,राम हुए तब परशु सम्हारे ।

दीन पिनाक शम्भु रखवारे ,रक्षक मर्द मर्द महि डारे ।

करै सनातन पूर्ण सब ,भक्तो के व्यवहार ।

विष्णु हुआ अवतार तब ,किया अधर्म संहार ।।

हैहयवंश बढा अभिना ,परशुराम तब संकट जाना ।

सहस्त्रार्जुन जब हुआ अधर्मी, कामधेनु पर संकट करनी ।

बढा रहा वह अत्याचार ,ब्राह्मण कुल पर किया प्रहार।

भाई बन्धु पर संकट जान ,धरा राम ने परशु निशान ।

मातु पिता पर जब बन आई ,परशुराम ने करी ढिलाई।

करै सभी क्षत्रिन पर वार ,इक्कीस बार किया संहार ।

धराधरातल क्षत्रिय हीन,फरसा, खड्ग ,धनुष तब लीन ।

ब्राह्मण कुल मे जन्मा राम ,हुआ तभी वह परशु महान ।

ब्राह्मण कुल मे जन्म ले ,हुआ राम अवतार ।

किया अधर्म का नाश तब ,फरसा ते संहार।।

जब जब बढै अधर्मी पापी ,सरल सहज करूणामय रासी ।

तब तब मिटै कटै सब पीरा ,परशुराम धरती के वीरा ।

करू आरती रेणुकानन्दन ,तेज विप्र हो प्रभु जगबन्दन ।

ब्राह्मण कुल तुम्ही को ध्याता,धरती के हो भाग्य विधाता ।

विप्रो के तुम्ही रखवारे ,महीसुरो के राजदुलारे ।

हम पर कृपा प्रभू अब कीजै, ब्राह्मण वंश शरण मे लीजै ।

संकट हरौ करौ सब काजा, राखौ प्रभु भक्तन की लाजा ।

मोर मनोरथ जानहु तुम्ही,आशीर्वाद वचन सब मिलही ।

जो नित प्रति पूजन करै, करै निरन्तर धयान ।

सब संकट कटि है सदा ,परशुराम भगवान ।।

गीत

पिया मिलन को आज आ गई,
　　लाज शर्म सब हार के ।
सारे बंधन तोड दिए है,
　　मैने अब श्रृंगार के ।।

न बिन्दिया न सिंदुर कजरा ,
　　न मेंहदी न लाली गजरा ।
मेरे नयन तरसते दो है यार के ,
　　बिना शब्द के अर्थ मुखर है प्यार के ।।

सारे बंधन तोड दिए है, मैने अब श्रृंगार के ।।

अंगो पर है लगा हुआ,
　　मेरे लाज शर्म का पहरा ।
जितना ढंकू अंग को अपने,
　　खिल खिल जाए चेहरा ।।

शबनम बने है मोती अंगार के ।

सारे बंधन तोड दिए है अब मैने श्रृंगार के ।।

मंद बयार मदमस्त हुई है,
	अलकों पर अंगडाई।
कभी किसी ने न देखी है,
	बरखा संग पुरवाई ।।

देख के भंवरामचल रहा है गुंजार के ।
सारे बंधन तोड दिए है मैने अब श्रृंगार के ।।

शब्द गान

शब्दों की गरिमा हो मेरे,
    ये पावन शब्द विधान रहे।
हो मंगलमूर्ति ध्यान मेरा,
    पावन नदियों सा गान रहे।
हो पतित पावनी गंगा सा,
    मेरा निर्मल परिधान रहे।
मन चंचल मेरा हो आतुर,
    शब्दों की ही पहचान रहे।
जब जब कलम उठे मेरी,
    भारत का गौरव गान रहे।
शस्य श्यामला धरती का,
    धानी माँ का परिधान रहे।
विजयी विश्व तिरंगे की,
    स्वर्णिम आभा का ध्यान रहे।

"कहीं शब्दों की गरिमा हो,
कहीं निर्मल कहानी हो।
कहीं हो भाव पूरित माँ,
कहीं अनगढ़ जवानी हो।।"

गाथा है उन्नाव की

आओ हम सब तुम्हें सुनाएं,
    गाथा गौरव गान की।
उन्नाव की माटी सोना,
    कवियों के बलिदान की।।
वन्देमातरम - 2
आओ हम.............
लव कुश जैसे महारथी,
    जन्मे है इसकी माटी में।
वाल्मीकि सा ऋषि तपस्वी,
    परियर की परिपाटी में।।
वन्देमातरम - 2
आओ हम.............
इस माटी का बच्चा-बच्चा,
    सूर्यकान्त छवि पाता है।
प्रताप नारायण का वैभव,
    गंगा का तट गाता है।।
शिव मंगल और रमई काका,
    उन्नाव की शान हैं।
अवधी, ब्रज में सनी हुई,
    ये भारत की पहचान है।।
वन्देमातरम - 2
आओ हम.............

जग मा नाम करिबे

अब की हमका पढ़ा देव बपइया,
तुम्हार जग मा नाम करिबे।
पढ़ि लिखि जइबै तो मैडम कहिबे,
तुम्हरे घर की गरीबी भगइबे।
तुम्हार जग मा नाम करिबे।
अब की हमका पढ़ा देव बपइया।।
पढ़ि लिखि जइबे तो नाम कमइबे,
तुम्हरे घर का दरिद्दर भगइबे।
तुम्हार जग मा नाम करिबे,
अब की हमका पढ़ा देव बपइया।।
बिन दहेज बिहाउ हम करिबे,
तुम्हरे कुल की हम बिटिया कहइबे।
तुम्हार जग मा नाम करिबे,
अब की हमका पढ़ा देव बपइया।।

बाल हठ

अम्मा जरा देख तो अम्बर ,
  चन्दा की बारात सजी ।
टिम टिम तारे है बाराती,
  अगवानी सी रात सजी ।।
मै भी एक दिन बनकर दूल्हा,
  चन्दा सा सज जाउंगा।
परियों सी एक दुल्हनिया को,
  तेरे सामने लाउगा ।।
रात चमकती डोली में,
  परियों सी दुल्हन आएगी ।
मेरी मां तू देख के मुझको,
  मन ही मन मुस्काएगी ।।
चन्दा सा सज धज कर कर,
  मां मै तेरे सामने आऊंगा।
सर पर पगडी सूट बूट,
  कांधे पर साल सजाउगा ।।
जग से न्यारा तेरा बेटा,
  राज कुवंर कहलाउगा ।
भारत मां के चरणों में,
  मैं अपना शीस झुकाउगा ।।

बिटिया

त्याग और सतकाम की, बिटिया घर की लाज।
नहीं पराई जानिए, बेटी घर की ताज।।

रोशन करती दो कुल, जाए जब ससुराल।
मात्र-पित्र को हृदय रख, जग में करै कमाल।।

नहिं बेटी को त्यागिए, बेटी है अवतार।
ममता रूपी बेटियां, करो सदा सत्कार।।

बेटी ममता रूप है, नहीं त्यागिए आज।
बेटी शक्ति रूप है, पूरण कीजै काज।।

तू मानव क्या सोचता, बेटी दुर्गा रूप।
तेरा घर आंगन सजा, बेटी सुन्दर धूप।।

बिटिया से चौखट सजी, सावन की बरसात।
फागुन रंग गुलाल है, बिटिया की सौगात।।

"चम्पा कली कचनार सी, होती है बेटियां।
घर आंगन तुलसी गौरइया, होती है बेटियां।।
जब अस्मिता की बात हो, झुकती नहीं है तब।
चण्ड-मुण्ड भट मर्दिनी, सा रूप धरती हैं बेटियां।।"

पिता

पिता है सद्गुरू की पहचान,
माँ की ममता का है वरदान।
        करें हम सब मिलकर सम्मान,
        बढ़ाएं हम उनका अभिमान।
पिता का प्यार है बेटी,
माँ का प्रतिमान है बेटी।।
        पिता ज्ञान है सद्गुरु है,
        माता का है श्रृंगार।
पिता बिना लगता है,
सूना-सूना ये घरबार।
        पिता का मान है बेटी,
        माँ का अरमान है बेटी।।
पिता है सद्वृत्ति की खान।,
माँ के आंचल का है परिधान।
        पिता वट वृक्ष की छाया हैं,
        माँ के बिंदियां की माया है।
पिता का राज बेटी।
माँ का दुलार बेटी।।

सच सपने का

आज रात मैंने एक सुन्दर सपना देखा,

सपने में मैंने कुछ अपना देखा।

एक भोली सी सूरत,

देखने में दुर्गा सी मूरत।

धरती पर मैं भी आना चाहती हूं,

मम्मी तुम्हारी कोख को सजाना चाहती हूं।

सुना है इस देश में नारी को देवी माना जाता है,

भारत में बेटी को वरदान समझा जाता है।

इस देश के मानव में श्रीराम बसते हैं,

पर बेटी आज राम नहीं मानव में हैवान सजते हैं।

कभी सीता और द्रौपदी की लाज बचाई जाती थी,

कभी हर आंगन में तुलसी सजाई जाती थी।

पर आज कलेजा फट जाता है,

हैवानियत का ताण्डव रच जाता है।

मत लेना जन्म इस धरती पर बेटी,

न सजाओ तुम मेरी कोख को बेटी।

कब तक हर नारी के सपने टूटते रहेंगे।

जब तक समाज में वहशी दरिन्दे घूमते रहेंगे।

मेरे सपने

सपने तो बहुत हैं,
सपनों की उड़ान अभी बाकी है।
अपने भी बहुत हैं,
अपनापन अभी बाकी है।
चलते चलते थकूंगी नहीं,
ईश्वर की माया का विश्वास अभी बाकी है।
करना है बहुत कुछ, करूंगी मैं ही,
करनी का फल अभी बाकी है।
तुम मेरे हो सब कुछ न्यौछावर है तुम पर,
सात जन्मों का साथ अभी बाकी है।
पर कहीं कोई डर सताता है मुझे,
मन में विश्वास का अहसास अभी बाकी है।
कहीं कोई सपने खो न जाए इस जमाने में,
पर अपने कर्मों का सत्यार्थ अभी बाकी है।
लड़ूंगी जमाने से जीतूंगी मैं ही,
यह झण्डा फहराने का सरोकार अभी बाकी है।
मैं सारिका हूं अपनी बगिया की,
बगिया में उड़ने का अरमान अभी बाकी है।

होली गीत

होरी खेले बनवारी बिरज मा, होरी खेले बनवारी।

रंग गुलाल बिरज मा बरसै, भीजै राधा प्यारी।।

बिरज मा होरी खेले बनवारी ....

गोरे गोरे गाल भये सब कारे, भीजै सारा रा रा सारी।

बिरज मा होरी खेले बनवारी ....

गोपी मिल सब रास रचावै, कान्हा बने ब्रजनारी।

बिरज मा होरी खेले बनवारी ....

सावन गीत

"लगी है आग सावन की, रंगरसिया चले आओ,
बदरिया छा रही सावन, घटा बन के बरस जाओ।
मेरी बांहों का झूला है, बुलाती राधिका मधुवन,
बसुरिया तुम बजाकर के, धरा ब्रजधाम कर जाओ।।"

मेरे अधरों की लाली है, इशारा तुम इसे समझो,
मेरी लाली चुनरिया के सदा सिर मौर बन जाओ।
लगी है आग सावन की, रंगरसिया चले आओ।

मेरे नयनों का काजल है, बुलाती यमुना तट तुझको,
घनेरी रात में आकर मेरा, श्रृंगार कर जाओ।।
लगी है आग सावन की रंगरसिया चले आओ।
बदरिया छा रही सावन घटा बन के बरस जाओ।।

सोन चिरइया

श्रमिकों के सम्मान की, हम कथा सुनाते हैं।
भारत के अभिमान की, हम गाथा गाते हैं।।

था किसान वह लाल बहादुर, भारत माँ की शान है।
अमर शहीद की गाथा का, प्यारा हिन्दुस्तान है।।

हरे भरे हैं खेत, हमारे, अन्नपूर्णा धाम है।
भारत की माटी सोना है, सोन चिरइया नाम है।।

मेहनत और मजदूरी ही, मानवता का परिधान है।
पतित पावनी गंगा माँ का, भारत वर्ष महान है।।

प्यार होली में

चलो मिलकर सभी खेलें, गुलाबी प्यार होली में।
मिटा दो नफरते मन की, सभी इस बार होली में।।
गीत गाओ गजल गाओ, गजब अंदाज रख लो तुम।
चलो हम तुम यू मिलकर के, समुन्दर पार होली में।।
न नफरत हो किसी दिल में, न बे मौसम ये बरसाते।
अरे एक प्यार की खातिर, ये दिल गुलजार होली में
न रब रूठे न तुम रूठो, सदा महफिल सजा रखना।
मेरे दिल का ये दरवाजा, सदा बहार होली में।।

भारत के वीर सपूत

लहू तुम्हारा जब पानी हो,
    अमर ज्योति दिखला देना।
भारत के वीर सपूतों को,
    मइया की याद दिला देना।।
भारत की बेटी क्या है,
    झांसी की रानी कह देना।
भारत की बेटी बो है,
    पन्ना धाय बतला देना।।
वीर शिवा जी की तलवारें,
    दुश्मन को दिखला देना।।
भारत माँ के आंचल में,
    पौरुष का परचम रहा सदा।
राणा जैसे वीरों से है,
    भारत माँ का भाल सजा।।
वन्देमातरम गीतों से,
    संस्कृतियों का सम्मान बढ़ा
हिन्दू-मुस्लिम गीतों से है,
    सारा हिन्दुस्तान सजा।।

दुश्मन को अब पार करो

हरिश्चन्द्र और परशुराम, भृगुनन्दन का सम्मान करो।
भारत माँ के दुश्मन को अब, सिन्धु नदी के पार करो।।

कमी नहीं है भारत में अब, शिवा शौर्य के गाथा की।
अर्जुन के गाण्डीव की, अभिमन्यु जैसे लाला की।।

सौगन्ध तुम्हें है रामचन्द्र, रावण की लंका पार करो।
भारत माँ के दुश्मन के छाती के टुकड़े चार करो।।

गाण्डीव उठाकर अर्जुन तुम, कौरव की सीमा पार करो।
भारत माँ के दुश्मन के मस्तक पर अपना वार करो।।

राम, कृष्ण, गांधी, गौतम की सांसों का उद्धार करो।
भारत माँ के दुश्मन को अब, सिन्धु नदी के पार करो।।

वीर बाला

माँ मुझको बन्दूक मंगा दो,
　मैं भी लड़ने जाऊंगी।
बनकर झांसी की रानी मैं,
　दुश्मन को मजा चखाऊंगी।।
बनकर काली, दुर्गा मैं,
　चण्डी का रूप धराऊंगी।
भारत माँ के आंचल को,
　धानी परिधान बनाऊंगी।।
वन्देमातरम् गीतों से मैं,
　सरहद में धूम मचाऊंगी।।
हिन्दुस्तानी नारी का,
　परचम लहराने जाऊंगी।
बनकर साहस की देवी मैं,
　भारत माँ का भाल सजाऊंगी।।
होकर शहीद इस माटी में,
　मैं वीर बाला बन जाऊंगी।।

अंचरा मा समायलेतिउ

एक बार बिटिया कहिके, हमका बोलायलेतिउ।
मइया मोरी अपने, अंचरा मा समायलेतिउ।।

दीन्हेव जनम हमका, खुशियां मनाइति है।
धरती और अम्बर ते, हम दुलराइति है।।

अपने करेजवा मा, हमका समायलेतिउ।
एक बार बिटिया कहिके, हमका बोलायलेतिउ।।

लिखि लिखि पाती मइया, तुमका हम बोलाइति है।
लोरी की धुन सुन के, बड़ा छटपटाइति है।।

दीन्हेउ जन्म जो हमका, छोड़िके न जउतिउ।
एक बार बिटिया कहिके, हमका बोलायलेतिउ।।

न देतिउ हमका दूध और बतासा।
न हम बनतिन मइया जग का तमासा।।

माह पूस जाड़े मइहां, चीनी घोरि के पिलायलेतिउ
एक बार बिटिया कहिके, हमका बोलायलेतिउ।।

मुक्तक

"दिया है जन्म माँ तुमने, वही बिटिया बुलाती है।
किया है कर्म ऐसा क्या, सजा बिटिया ही पाती है।।
लिखे दिन रात तुमको खत मगर उत्तर नही मिलता।
तेरी लोरी की धुन सुन के, सदा निंदिया सताती है।।"

माँ भारती का गौरव

कदम-कदम पर भारत माँ की,
गर्वित नयी कहानी है।
खण्ड-खण्ड भूखण्ड देश का,
सबका मन हर्षाता है।
भारत का स्वर्णिम उच्च भाल,
यह गौरव गान सुनता है।
इंच-इंच कट जाना,
पर मान नहीं घटने देना।
भारत माँ के आंचल का,
सम्मान नहीं घटने देना।
आज दिवाकर की लाली को,
अंगार बनाकर छोड़ो तुम।
दुश्मन की मुण्डी काट-काट,
काली को मुण्ड चढ़ानी है।
ये हिन्दुस्तानी वीरों की,
हां चढ़ती हुई जवानी है।।

मुक्तक अंगार

1. "अवनि से और अम्बर तक, सदा निज शौर्य गूंजेगा।
   धरा से व्योम तक देखो, तिरंगा गान गूंजेगा।।
   करो न तुम कभी माँ भारती की कीर्ति को धूमिल।
   जो वन्देमातरम् गाओ, तो भारत वर्ष गूंजेगा।।"

2. "एक कुल में जन्म ले, दो रीतियां निभाई हैं।
   जिसने देश के लिए, कटारियां उठाई हैं।।
   सब कसौटियां खरी, बेटियों ने पाई हैं।
   जिसने देश के लिए चूडियां गवाई है ।।"

3. "देश के नाम तू ने, जवानी करी।
   सरहदों की मगर ये, रवानी करी।।
   नमन करती हूं तुझको, सदा के लिए।
   पावन गंगा सी तूने, कहानी करी।।"

मुक्तक श्रृंगार के

बंकिम नयन के बाण से, दिल जीत लेती है।
धरा की सुरभित गीतिका गगन को मीत देती है ।।
मैं अपने शब्द भेदी बाण का, क्रन्दन सुनाती हूं।
चले आओ मेरे कान्हा, आवाज प्रीत देती है।।

अभी तो रात बाकी है, अभी कुछ बात बाकी है।
मेरी बाहों का गठबन्धन, और मुलाकात बाकी है।।
मेरी चूड़ी मेरे कंगन, संदेशा दे रहे तुझको।
मेरे माथे की बिंदिया की, अभी सौगात बाकी है।।

अभी कुछ बात अधरों की, इसे नयनों में भर लो तुम।
धरा उद्भ्रान्त व्याकुल है, गगन बाहों में कर लो तुम।।
मचलती है मुरलिया, कृष्ण अधरो पे संवरने को।
घनेरी रात में आकर, मेरा श्रृंगार कर लो तुम।।

मुक्तक

1. भाव देश प्रेम का जगाती अभिलाषिका,
   दृष्टि दुरभाव को मिटाती संहारिका।
   आलोक से व्योम को सजाती एक तारिका,
   काव्य वाटिका की मैं हूं एक सारिका।।

2. कभी अंगार लिखती हूं, कभी श्रृंगार लिखती हूं।
   मैं भारत माँ की बेटी हूं, महज इतिहास लिखती हूं।।
   सती सावित्री बनकर के, लड़ूं यमराज से डटकर।
   मैं अपने प्यारे प्रियतम का सदा, सौभाग्य लिखती हूं।।

मृत्यु से साक्षात्कार

धन लोलुपता मनुष्य से सब कुछ करा सकती है। धन के वशीभूत मनुष्य लोभी और लाचार हो जाता है। मेरा विवाह एक छोटे से गांव में हुआ है। मेरे पति देव की इच्छा थी कि मैं बी.एड करूं। 2007-08 में मैंने बी.एड किया। इनके एक मित्र ने मुझे अपने विद्यालय में प्रधानाचार्य के पद पर सुशोभित भी कर दिया और मैंने 13 वर्षों तक उस विद्यालय में पद की गरिमा को बनाए रखा और इण्टरमीडिएट तक हिन्दी और सामाजिक विषय पढ़ाती रही। परन्तु समय परिवर्तनशील है। अपने बच्चों की पढ़ाई के लिए हम लोग 2017 में उन्नाव आवास- विकास में रहने के लिए आ गए। क्योंकि बच्चे सरस्वती विद्या मन्दिर में पढ़ना चाहते थे। अब मैं पूरा दिन घर पर ही रहती थी। तभी मुझे लगा कि उत्तर प्रदेश बोर्ड की कॉपियां चेक करने चली जाया करूं और मैंने बात की। अप्रैल में यू.पी. बोर्ड की कॉपी चेक करने के लिए जी.आई.सी. (राजकीय इण्टर कॉलेज) जाने लगी, विद्यालय रेलवे क्रॉसिंग पार करके जाना-आना होता था। मुझे लगा इधर से जाऊंगी तो 5 रु. बचा लूंगी। कचेहरी होते हुए जाने में ऑटो 10 रु. लेता है, 5 रु. के चक्कर में मैं क्रॉसिंग पार करके जाने लगी एक दिन क्रॉसिंग पर मालगाड़ी खड़ी थी। मैंने सोचा क्यों न ट्रेन के नीचे से निकल जाऊं। मालगाड़ी तो घंटों खड़ी रहती है, उधर से जाऊंगी तो समय और धन दोनों खर्च होंगे। समय और धन की बचत के लिए मैंने ट्रेन के नीचे से निकलना उचित समझा और झुककर ट्रेन पार करने लगी, तभी ट्रेन ने हॉर्न दे दिया और धीरे-धीरे चलने लगी, अब मुझे कुछ भी सूझ नहीं रहा था कि मैं क्या करूं ? तभी मन में विचार आया कि लेट जाऊं और ट्रेन ऊपर से निकल जाएगी और मैं बच जाऊंगी। मैं लेटने लगी तभी बाहर खड़े लोग अचानक जोर-जोर से चिल्लाने लगे और ईश्वर की कृपा से ट्रेन दो पल के लिए रुकी, मुझे ऐसा लगा कि जैसे किसी शक्ति ने मुझे बाहर की ओर धकेला और मैं ट्रेन के बाहर आकर गिरी। सभी लोग चिल्ला रहे थे। ”अरे! लगती तो पढ़ी-लिखी है, पर कितनी मूर्खता पूर्ण कार्य किया।” मैं जैसे तैसे उठी। मेरा पूरा शरीर कांप रहा था। चोट भी कुछ हाथ पैर पर आ गई थी। उठते ही मैंने ऑटो किया और चुपचाप बाईपास की ओर रवाना हो गई।

“जाको राखै साइयां मार सके न कोय”

घर आते-आते बुखार भी आ गया। जाकर सीधे बिस्तर पर लेट गई । आंखों के सामने सब धुंधला सा नजर आ रहा था। सिर दर्द से सर फटा जा रहा था। तभी मेरे दोनों बच्चे मेरे पास आए और मेरा हाल पूछा, "मम्मी क्या हो गया आपको" जैसे ही मैंने अपने बच्चों को देखा सीने से लगाकर खूब रोयी। बच्चों का प्यार ही मुझे मौत के मुंह से खींचकर लाया है और दूसरे ही दिन मैं पुनः कॉपी चेक करने जाने लगी तो सबने कहा- आज 5 रु. मत बचाना।

चाचा की डोली

मेरे बचपन की बात है मेरे चाचा की शादी - रेलयान से बारात रवाना हुई। हम सब मस्ती के साथ नाचते-गाते बारात स्थल तक पहुंचे। लौहपथ-गामिनी से उतरकर ट्रैक्टर और बैलगाड़ी से बारात अपने जनवासे पहुंची, बारातियों के स्वागत में शरबत पेश किया गया। बारात गांव के प्राइमरी विद्यालय में टिकी थी जो बाग के बीचों-बीच बना था, आम और जामुन के साथ बारात का मजा दोगुना हो गया था। जनवासे के समीप ही सुन्दर तनवंगी धारा के साथ उमड़ती हुई शारदा नहर जिसमें सभी बारातियों ने गोता लगाया और अगवानी के लिए तरोताजा होकर तैयार हो गये। बीन की मनमोहक ध्वनि मन्त्रमुग्धकारी थी। ढोल-नगाड़ों के साथ सब थिरक रहे थे। तभी मैंने देखा कि चाचाजी डोली में बैठाए जा रहे हैं, मैं भी बचकानी हठ करने लगी, बाबा-बाबा मुझे भी डोली में बैठना है। मैं जिद करने लगी, बाबा ने मुझे भी डोली में बैठाया। मैं अपने चाचा को डोली में देखकर बहुत खुश होने लगी। वो डोली की मस्ती शायद पहली और आखिरी बार मैं डोली में बैठी थी। बारात द्वार पर पहुंची और लड़की वालों ने यथाशक्ति बारातियों का स्वागत किया। क्या विडम्बना है इस संसार का प्रत्येक पिता अपनी बेटी की बारात में अपनी जमा पूंजी लगाकर इतना बड़ा त्याग करता है। हाथ जोड़कर बारातियों के स्वागत में लगना यह महान कार्य सिर्फ एक बेटी का पिता ही कर सकता है।

भोजन के लिए सजे पंडाल रसगुल्लों से सजी थाल बरबस ही सबको अपनी ओर आकर्षित करने की क्षमता रखती है। सबने पेट्रोमेक्स की सुन्दर सुनहरी रोशनी में भोजन (पकवानों) का आनन्द लिया। जिसे आज हम सब कैंडिल लाइट डिनर कह सकते हैं। भोजन के उपरान्त सोने के लिए चारपाई (खटिया) जिस पर साधारण सा स्वच्छ बिछौना बिछाया गया था। कब बारातियों ने शयन किया और कब महाराज अंशुमाली ने अपनी स्वर्णिम किरणों के साथ वर-वधु को अपना आशीर्वाद प्रदान के लिए धरातल पर उतर पड़े पता ही नहीं चला।

और विदाई की तैयारियां शुरू हो गई। विदाई के पश्चात पुन: हम सब अपने घर के लिए रवाना हो गए। यह मेरे जीवन की सबसे आनन्ददायक बारात यात्रा था, जो अविस्मरणीय है।

दुई दांत की बछिया

भाभी, भाभी की आवाज सुनते ही मैं छज्जे से झांकने लगी, देखा पड़ोसन मुझे बुला रही है। मैंने आंखों का इशारा किया, क्या है? बोली छत पर आओ बहुत जरूरी है, मैं किचन में चाय बना रही थी। जल्दी-जल्दी छानकर सबको कप पकड़ाया और छत पर भागी, जोर-जोर से सांस फूलने लगी, ऐसा लगा कलेजा फटा जा रहा है, जैसे तैसे बोली बताओ क्या बात है, बेटू की मम्मी? वो बोली मुझे पैसों की सख्त जरूरत है, कुछ हो तो देना बड़ी मुसीबत में हूं, मायके जाना है, मेरा भाई जिला अस्पताल में भर्ती है। पर्स में कुछ पैसे थे मैंने उन्हें दिया और कहा परेशान मत होना अभी इतने से काम चलाओ, शाम तक बउवा के पापा से लेकर और दूंगी, जल्दी तुम अस्पताल पहुंचो और मैं उन्हें कुछ रुपये देकर नीचे उतर आई। शाम को फिर छत पर गई पर वो अस्पताल से अभी वापिस नहीं आई थी, दूसरे दिन भी वो नहीं दिखाई पड़ी, तो मैंने उनके घर जाकर पता किया तो पता चला कि उनका भाई तो स्वर्गवासी हो गया, उसने फांसी लगाई थी। सुनकर बहुत दु:ख हुआ पर क्या कर सकती थी। चार दिन बाद बेटू की मम्मी छत पर उदास बैठी हुई दिखाई पड़ी, मैंने पूछा- काहे बेटू की मम्मी भइया फांसी लगा लीन्हेन का? यह सुनते ही वो फफक फफक कर रोने लगी, हां भाभी हमार जवान भाई चला गई दुनिया ते, छ: महीना पहिले तो बिहाव करिके लाय रहै, दुई दांत की बछिया। अब वहिका का होगी, अम्मा का तो रोय-रोय के बुरा हाल है। अब उनका बुढ़ापा कइसे कटी 80 साल की है, भगवान उनका लेती तो अच्छा रहै, हाय! हाय! रो न बेटू की मम्मी यू तो बड़ा गलत हुइगा पर भगवान की इच्छा, कोउ का करि सकति है लेकिन कउनो तो कारण रहा होई फांसी लगावै का। काहेक मारे फांसी लगायन भइया, कुछ पता चला का? हां भाभी आपस मा दोनों जने लड़ाई करेन, शराबो बहुत पियत रहै, खूब नसे मा अपनी मेहेरिया का मारेन और कमरा मा जाय के फांसी लगा लीन्हेन। हाय! यू तो बड़ा गलत भा, अब अम्मा और दुलहिन कइसै रइहै बिचारी, बहिकी तो किस्मतै फूटिगै।

लव मैरिज करिके भगाय के लाय रहै झारखंड ते, बहिका तो मइके का सहारा नाई रहा न ससुरे का अब कहिके सहारे जीवन बिताई। दुई दांत की बछिया, सास बहुरिया एक दूसरे के आंसू पोंछती हैं, एक दूसरे को समझाती है, न रोव अम्मा, हम का करी, अम्मा

दुलहिन का चुपवउती है न रोव दुलहिन। एक दूसरे पर गिर-गिर परती हैं। कुछ दीख-दीख नाई जात, उनका दुःख, अब सब रिश्तेदार अपने अपने घरै चले गये। पता नाई कइसे रहती है दोनों जनी, उनके ऊपर तो दुखन का पहाण टूटि परा। कोउ का करि सकति है। हे! भगवान, हे! राम, हे! राम।

* * *

www.ingramcontent.com/pod-product-compliance
Lightning Source LLC
LaVergne TN
LVHW041800190726
843493LV00008B/2715